Die Freiheitsformel:

Vergebung & Loslassen

Vorwort

Die Autorin, Elena Uebelhardt, gibt dir mit diesem Buch den mächtigsten Schlüssel zu deiner inneren Freiheit in die Hand. Die Freiheitsformel heisst Vergebung und Loslassen.

Vergebung & Loslassen ist die einzige Option, die du hast, wenn du dich von deiner schmerzhaften Vergangenheit lösen willst. Dies sind ihre Erkenntnisse jahrelanger Begleitung von hilfesuchenden Menschen auf dem Weg in ein erfülltes Leben.

***

Das Coaching-Kernstück von Elena Uebelhardt offenbart sich in ihrer Fähigkeit, die "innere Landkarte" ihrer Klienten sofort zu erkennen. Mit dieser besonderen Gabe ist sie in der Lage, Menschen in ihren emotionalen Prozessen und Verbindungen zu begleiten, die zu stressbedingten Problemen in ihrem Leben, Beruf und Partnerschaft führen.

Wenn ein hilfesuchender Mensch zu Elena kommt, öffnet sie behutsam die Türen zu seiner inneren Welt. Sie erkennt die versteckten Muster und Glaubenssätze, die sein Verhalten und seine Entscheidungen beeinflussen. Mit einer Klarheit und Präzision, die fasziniert, führt sie ihre Klienten durch die Labyrinthe ihrer eigenen Gefühle und Emotionen.

Dabei ist Elena einfühlsam und verständnisvoll. Sie ermutigt ihre Klienten, ihre Ängste und Sorgen offen anzusprechen und sich ihren tiefsten Wahrheiten zu stellen. Durch diese Reise zu sich selbst werden die verborgenen Zusammenhänge enthüllt, die zu den stressbedingten Problemen geführt haben.

Elena zeigt ihren Klienten einen Weg aus dem emotionalen Gefängnis heraus. Sie unterstützt sie dabei, alte Wunden zu heilen, begrenzende Überzeugungen loszulassen und neue Perspektiven einzunehmen. Mit ihrer einfühlsamen Begleitung ermöglicht sie ihren Klienten, sich von den Fesseln der Vergangenheit zu befreien und ein erfülltes und authentisches Leben zu führen.

Elena Uebelhardt hat die Fähigkeit, ihre Klienten auf einer tiefen Ebene zu berühren und ihre Herzen für Veränderung zu öffnen. Mit ihrer einzigartigen Mischung aus Sensibilität, Präsenz und Klarheit schafft sie eine Atmosphäre des Vertrauens und der Offenheit. Ihre Klienten erfahren eine Transformation, die sie dazu befähigt, ihr volles Potenzial zu entfalten und ein Leben in Freude, Erfüllung und innerer Harmonie zu führen.

Wenn du bereit bist, deine "innere Landkarte" zu erkunden und dich von stressbedingten Problemen zu befreien, dann begib dich in die Hände von Elena Uebelhardt. Sie wird dich auf eine Reise der Selbsterkenntnis und Transformation führen, die dein Leben von Grund auf verändern kann. Wage es, dich selbst zu befreien und die Freiheit zu erleben, die du verdienst.

Die Freiheitsformel:

Vergebung & Loslassen

Deine einzige Option in die Freiheit

Elena Uebelhardt

IMPRESSUM

Autorin
Idee, Text und Titelgestaltung:
Elena Uebelhardt

Die Freiheitsformel: Vergebung & Loslassen
Deine einzige Option in die Freiheit

© 2023 by Elena Uebelhardt

Bahnhofstrasse 15, 3250 Lyss
Telefon +41 32 385 31 72
E-Mail info@vitacoachingplus.com
INTERNET https://vitacoachingplus.com/

Herstellung und Verlag: BoD – Books on Demand, Norderstedt

ISBN: 9783757814953

Bibliografische Information der Deutschen Nationalbibliothek:
Die Deutsche Nationalbibliothek verzeichnet diese Publikation in der Deutschen
Nationalbibliografie; detaillierte bibliografische Daten sind im Internet über http://dnb.dnb.de
abruf

DANKSAGUNG

Ich danke allen Pioniere der Persönlichkeits-Entwicklung, die uns
Menschen Möglichkeiten und Lösungsansätze für ein glücklicheres
und erfülltes Leben hinterlassen haben.

Beispielsweise

Wallace D. Wattles

Joseph Murphy

Vera F. Birkenbihl

Neville Goddard

Ein Dankeschön geht auch an meine Klienten, die mir ihr
Vertrauen geschenkt haben und den Weg der Vergebung gegangen
sind.

Inhaltsverzeichnis

24 – Notizen   **62**

01 – FREIHEIT

Lass mich raten, Du liest dieses Buch, weil du genug gelitten hast und endlich glücklich leben willst. Deine Vergangenheit soll dich nicht mehr belasten.

Du willst emotional frei sein und glücklich!

Und das ist die beste Entscheidung, die du treffen kannst, für dich als Mensch und für deine Gesundheit.

Etliche Studien belegen, dass Menschen, die loslassen und vergeben, glücklicher und gesünder sind als Menschen, die in der schmerzhaften Vergangenheit leben.

Gemeinsam gehen wir nun den Weg in die emotionale Freiheit. Vergebung ist dabei das Schlüsselelement.

Es wurde untersucht, wie Vergebung die körperliche und emotionale Gesundheit verbessert.

Es liegt auf der Hand, dass innere Ordnung für körperliches und seelisches Gleichgewicht sorgt.

Innere Ordnung findet statt sobald du alle deine Schmerzpunkte geheilt hast.

Ordnung ist für mich Heilung und unter *Heilung* verstehe ich persönlich, dass du dir gegeben hast, was du gebraucht hättest.

All das, was du in Momenten des Schmerzens gebraucht hättest, kannst du dir selbst geben. Dadurch befreist du deine Vergangenheit.

Aber dazu kommen wir noch später in diesem Buch zurück.

02 – DEINE LEBENSGESCHICHTE

Deine Vergangenheit ist deine ganz persönliche Geschichte und ein wesentlicher Teil von dir, denn du hast es erlebt und durchlebt.

Wenn deine Lebensgeschichte schmerzhaft war, gehört sie nun der Vergangenheit an.

Obwohl dich deine Geschichte geprägt hat und dich zur Person gemacht hat, die du heute bist, ist sie nur ein Teil von dir.

Du bist so viel mehr als deine Vergangenheit.

Wenn du bereit bist deine Geschichte zu heilen und dich von den Schatten der Vergangenheit zu befreien, kannst du dich neu erfinden.

Hast du dich schon einmal gefragt, wer du wirklich bist, ohne deine Vergangenheit? Diese Frage ist von grosser Bedeutung, denn sie gibt dir die Chance, dich von den Fesseln der Vergangenheit zu lösen.

Der Antwort auf diese Frage wollen wir nachgehen.

Gemeinsam wollen wir auf die Reise gehen, um diese Frage zu beantworten, um deinen wahren Wesenskern zu finden.

03 – WER BIST DU?

Wer bin ich ohne meine prägende Vergangenheit?

Wer bist du ohne all deine Verletzungen, Prägungen und Glaubenssätze, die du dir aufgrund deiner Vergangenheit angeeignet hast?

Wer bist du, frei von allem?

Eine echt schwierige Frage, nicht wahr?

Nimm dir Zeit für diese Frage, denn sie ist DIE zentrale Frage aller Fragen, wenn du dein wahres ICH erkunden willst.

Eine Frage, die sich nicht so schnell und schon gar nicht so leicht beantworten lässt, aber keine Angst, ich helfe dir dabei.

Gemeinsam gehen wir in die Tiefe deines Unterbewusstseins. Tief in deinem Inneren kennst du alle deine Antworten.

Um die Antworten zu hören, braucht es Stille.

Nimm dir Zeit und gehe in die Ruhe. Stelle dir die Fragen, die du beantwortet haben willst und warte ab.

Die Antwort kommt ganz bestimmt. Warte einfach still ab. Die Antwort kommt! Aber vielleicht nicht gleich sofort. Darum, sei aufmerksam.

Die Antwort kann auf vielen Wegen zu dir kommen. Durch ein Gefühl oder ein Bild, einen Duft oder einer Bemerkung eines anderen Menschen, im Traum oder als Eingebung.

Bleibe offen und warte geduldig. Du wirst die Antwort erkennen, wenn sie da ist.

Wusstest du, dass die mächtigste aller Aussagen, «ich bin...» ist?

Indem du sagst:

"Ich bin", erkennst du deine Existenz und Identität an.

Sie drückt dich in deiner Essenz und deiner Individualität aus und somit auch, was du über dich selbst denkst.

Diese Aussage kann Selbstbewusstsein und Selbstsicherheit zum Ausdruck bringen, aber auch das Gegenteil.

Wird die Aussage "Ich bin" mit weiteren Informationen ergänzt bekommt sie eine tiefere Bedeutung.

Zum Beispiel könntest du sagen: "Ich bin stark", "Ich bin glücklich", "Ich bin intelligent" oder "Ich bin eine kreative Person".

Diese Erweiterungen spezifizieren Aspekte deiner Persönlichkeit oder deines Zustands.

Letztendlich ist "Ich bin" eine Aussage, die deine individuelle Existenz und Selbstwahrnehmung betont und dir erlaubt, deine einzigartigen Merkmale und Qualitäten auszudrücken

Eine Möglichkeit, diese Frage zu beantworten und mehr über dich herauszufinden ist die Selbstreflektion.

01-Reflektiere über deine Werte und Überzeugungen.

Dafür brauchst du genügend Zeit, um darüber nachzudenken was dir wichtig ist und welche Werte und Überzeugungen du hast.

Überlege dir gut, welche davon tief in dir verankert sind und welche du eigentlich gar nicht mehr brauchst.

02-Kennst du deine Stärken und deine Schwächen?

Mache eine Bestandsaufnahme, identifiziere deine Stärken und deine Schwächen. Reflektiere über deine Erfahrungen und wie es dir in bestimmten Situationen ergangen ist.

Überlege dir welche Dinge dir besonders gut gelungen sind und wo du vor echten Lebens-Hürden gestanden bist.

03-Wie hast du diese Situationen gemeistert?

Nachdem du dir alles aufgeschrieben hast, wirst du sicherlich erstaunt sein, wieviel du gemeistert hast.

Nun hast du schon ein klareres Bild wer du sein kannst, ohne deine Vergangenheit.

Kennst du die kraftvolle Technik der Visualisierung?

Um dein Unterbewusstsein auf positive Weise zu beeinflussen und dich dabei zu unterstützen, das zu manifestieren, wer du sein möchtest, kannst du diese bewährte Technik anwenden.

Ich zeige dir hier einige Schritte, die dir beim Visualisieren deines zukünftigen Ich's helfen können:

01-Gewinne Klarheit darüber, wer du sein willst: Überlege dir, wer du sein möchtest und welche Eigenschaften, Fähigkeiten oder Ziele du gerne verwirklichen möchtest. Definiere deutlich, was du visualisieren möchtest. Es kann helfen, wenn du dir vorstellst, du bist bereits diese Person. Indem du dich im inneren Auge siehst und deine Verwandlung fühlst, verstärkst du das Bild.

02-Durch Entspannung, besser fühlen:

Finde einen ruhigen Ort, an dem du dich entspannen kannst. Schließe deine Augen, atme tief ein und aus, um deinen Geist und Körper zu beruhigen.

03-Visualisierung starten:

Stelle dir lebhaft vor, wie du bereits die Person bist, die du sein möchtest.

Visualisiere dich selbst in verschiedenen Situationen, in denen du diese Eigenschaften oder Fähigkeiten ausdrückst, die du haben willst. Male ein klares Bild in deinem Geist und füge Details hinzu, um die Szene so realistisch wie möglich zu machen.

04-Nutze deine Sinne:

Versuche, alle deine Sinne in die Visualisierung einzubeziehen. Stelle dir vor, wie sich die Umgebung anfühlt, wie du dich fühlst, wie du sprichst und wie andere auf dich reagieren. Je lebendiger du die Visualisierung gestaltest, desto wirksamer kann sie sein.

05-Verstärke deine Emotionen:

Verbinde positive Emotionen mit deiner Visualisierung. Stelle dir vor, wie glücklich, stolz und erfüllt du dich fühlst, wenn du bereits die Person bist, die du sein möchtest. Diese emotionalen Verstärker helfen dir dabei, die Visualisierung tiefer in dein Unterbewusstsein einzuprägen.

06-Kontinuität und Wiederholung sind wichtig: Wiederhole die Visualisierung regelmäßig, am besten täglich. Je öfter du sie wiederholst, desto stärker verankert sie sich in deinem Geist. Sei geduldig und bleibe konsequent.

07-Handle danach:

Die Visualisierung allein reicht nicht aus. Es ist wichtig, dass du auch aktiv Schritte unternimmst, um die Person zu werden, die du visualisiert hast. Setze dir konkrete Ziele, entwickle einen Plan und ergreife Maßnahmen, um diese Ziele zu erreichen.

Die Visualisierung ist ein kraftvolles Werkzeug, um dich auf dem Weg zu deinem gewünschten Selbst zu unterstützen.

Nutze deine Vorstellungskraft verbunden mit positiven Emotionen und programmiere dein Unterbewusstsein auf Erfolg und Wachstum

Wenn du das noch nie gemacht hast, wirst du staunen, was alles möglich ist.

Solltest du noch ein stärkeres Bild anstreben, um schneller voran zu kommen, kannst du bei mir ein *Kreativ-Coaching* buchen. Gemeinsam erstellen wir ein Erkenntnis- & Visionsboard.

Anmeldung:

https://vitacoachingplus.com/kontakt/

07 – DAS GEFÄNGNIS DER VERGANGENHEIT

Deine Vergangenheit kann wie ein unsichtbares Gefängnis sein, dass dich zurückhält glücklich zu leben. Alte Erinnerungen, traumatische Erfahrungen und ungelöste Konflikte können dich so dermassen fesseln und dich hindern, dass du dein wahres Potenzial nicht entfalten kannst.

Die Last vergangener Ereignisse drückt auf deiner Schulter und beeinflusst deine Gedanken, Gefühle und Handlungen im Hier und Jetzt.

An dieser Stelle ist es wichtig zu erkennen, dass die Vergangenheit nicht veränderbar ist. Was geschehen ist, liegt bereits in der Vergangenheit und kann nicht rückgängig gemacht werden. Das Festhalten an vergangenen Ereignissen führt jedoch dazu, dass du dich ständig mit ihr identifizierst und dich in einem endlosen Kreislauf von Schmerz, Wut und Bedauern gefangen hälst.

Indem du an der Vergangenheit festhältst, versuchst du, diese Ereignisse zu kontrollieren.

Du fragst dich, was passiert wäre, wenn du dich anders verhalten hättest. Du suchst nach Antworten, die dir helfen sollen, das Unveränderliche zu verstehen oder gar zu korrigieren. Doch diese Art des Denkens hält dich gefangen und raubt dir die Freiheit im gegenwärtigen Moment zu leben.

Das Gefängnis der Vergangenheit ist ein Ort der Selbstbestrafung.

Möglicherweise wiederholst du negative Selbstgespräche und fühlst dich für vergangene Fehler verantwortlich.

Deine Gedanken sind von **Schuld** und geprägt, und du trägst diese emotionalen Lasten wie eine schwere Kette mit dir herum.

 Indem du dich selbst bestrafst, verhinderst du dein eigenes Wachstum und deine persönliche Entwicklung.

Um dich von diesem Gefängnis zu befreien, ist es wichtig, dir bewusst zu machen, dass die Vergangenheit nicht deine Gegenwart oder Zukunft bestimmen soll.

Jeder von uns hat eine Geschichte, aber du bist nicht deine Geschichte. Indem du die Vergangenheit als Teil deiner Lebensreise anerkennst, kannst du dir erlauben, loszulassen und dich auf das Hier und Jetzt konzentrieren.

Der Prozess des Loslassens beginnt mit der Akzeptanz. Du musst akzeptieren, dass das, was geschehen ist, bereits geschehen ist und nicht mehr geändert werden kann. Du kannst die Vergangenheit nicht ungeschehen machen, aber du kannst deine Einstellung dazu ändern und deine Reaktion darauf kontrollieren.

Indem du die Vergangenheit akzeptierst, befreist du dich von dem Druck, sie zu ändern oder kontrollieren zu wollen.

Ein weiterer Schritt auf dem Weg zur Freiheit besteht darin, deine Emotionen anzuerkennen und zu fühlen.

Versuche nicht, schmerzhafte Erinnerungen und Gefühle zu verdrängen oder zu unterdrücken. Denn diese unterdrückten Emotionen bleiben in dir gefangen und beeinflussen weiterhin dein Leben. Erlaube dir stattdessen, deine Emotionen zu fühlen, damit du sie loslassen und Platz für Heilung und Wachstum schaffen kannst.

Ich möchte dich daran erinnern, dass du immer die Wahl hast, wie du auf die Vergangenheit reagierst. Du kannst wählen.

Also triff deine Wahl:

Die Vergangenheit endgültig loszulassen.

08 – DIE KUNST DES LOSLASSENS

Ich möchte dir Strategien vorstellen, wie du das Loslassen lernen kannst um alten, emotionalen Ballast loszuwerden.

Es geht darum, dass du verstanden hast, dass das Festhalten an Vergangenem dich einschränkt und daran hindert, im gegenwärtigen Moment zu leben.

Sobald du die Kunst des Loslassens gelernt hast und mit der Umsetzung beginnst, öffnest du dich für neue, ungeahnte Möglichkeiten.

Du wirst erfahren wie sich inneren Frieden und Freiheit anfühlt und wirst dich fragen, warum du nicht schon viel früher mit dem Loslassen begonnen hast.

Also fangen wir gleich mit der ersten und wichtigsten Technik an: **Es ist die Praxis der Vergebung.**

Vergebung ist ein Akt der Befreiung, bei dem du dich von negativen Gefühlen wie **Groll, Wut** und **Rachegedanken** befreien kannst.

Es bedeutet nicht, dass du das Verhalten anderer gutheißen oder vergessen sollst, was geschehen ist.

Vielmehr geht es darum, dich selbst von der Last des Grolls zu befreien und den Frieden in dir wiederherzustellen.

Nur durch Vergebung kannst du loslassen und dich auf deinem eigenen Wachstum und deine Entwicklung konzentrieren.

Ein weiterer wichtiger Aspekt des Loslassens ist die Akzeptanz. Oftmals kämpfen wir gegen die Realität an und versuchen Dinge zu ändern, die außerhalb unserer Kontrolle liegen.

Doch indem wir akzeptieren, dass wir nicht alles kontrollieren können und dass manche Dinge einfach so sind, wie sie sind, finden wir innere Ruhe und Gelassenheit.

Die Kunst des Loslassens besteht darin, die Dinge anzunehmen, wie sie sind, und dich von der Illusion der Kontrolle zu befreien.

Wenn du diesen Schritt geschafft hast, kommst du unweigerlich zum nächsten wesentlichen Schritt auf dem Weg des Loslassens.

Nämlich **das Überwinden des Bedürfnisses nach Bestätigung und Anerkennung** von außen.

Wenn du dich oft an bestimmte Vorstellungen klammerst, wie du sein solltest oder wie andere dich sehen sollten, probiere diese Erwartung loszulassen.

Indem du diese Erwartungen gehen lässt und dich selbst bedingungslos annehmen kannst, befreist du dich von der Abhängigkeit von der Meinung anderer.

Dadurch findest du zu deiner eigenen inneren Stärke zurück.

Achtsamkeit ist auch eine hilfreiche Technik, die dir hilft loszulassen.

Indem du dich auf den gegenwärtigen Moment konzentrierst und deine Gedanken und Gefühle beobachtest, kannst du erkennen, welche alten Muster und Überzeugungen dich noch gefangen halten.

Durch Achtsamkeitsübungen wie Meditation oder bewusstes Atmen kannst du diese Muster erkennen und ihnen bewusst entgegentreten. Indem du dir des **Hier und Jetzt** voll bewusst bist, kannst du dich von der Vergangenheit lösen und dich auf das konzentrieren, was im gegenwärtigen Moment wichtig ist.

Ein weiterer Schritt beim Loslassen, ist **das Loslösen von materiellen Besitztümern und äußeren Identitäten.** Oft klammern wir uns an Dinge, sei es aus sentimentalen Gründen oder aus Angst vor Verlust. Doch indem du dich von deinem materiellen Besitz löst und dich nicht mit äußeren Identitäten identifizierst, befreist du dich von den Fesseln des Materiellen und öffnest dich für ein freieres und erfüllteres Leben.

Die Kunst des Loslassens erfordert Übung und Geduld. Es ist ein fortlaufender Prozess, der Zeit und bewusste Anstrengung erfordert.

Es kann hilfreich sein, dich selbst daran zu erinnern, dass das Loslassen ein Akt der Selbstliebe ist.

Indem du dich von alten Lasten befreist, schaffst du Raum für Wachstum, Selbstentfaltung und innere Freiheit.

Es ist auch wichtig zu erkennen, dass das Loslassen nicht bedeutet, die Vergangenheit zu leugnen oder zu ignorieren.

Es geht vielmehr darum, uns von den negativen Auswirkungen der Vergangenheit zu befreien und uns auf das Positive zu konzentrieren.

Du kannst aus deinen Erfahrungen lernen, aber du musst nicht weiterhin in ihnen gefangen bleiben.

Dankbarkeit zu praktizieren ist eine weitere Möglichkeit des Loslassens. Indem du dich bewusst auf das konzentrierst, was du in deinem Leben hast und lernst es wertzuschätzen, entwickelst du eine positive Haltung und kannst dich von dem Gefühl des Mangels und der Unzufriedenheit befreien.

Dankbarkeit hilft dir, die Vergangenheit loszulassen und dich auf die Gegenwart zu fokussieren.

Loslassen kann auch bedeuten, **sich von bestimmten Beziehungen oder Situationen zu lösen,** die dir nicht mehr dienlich sind. Manchmal müssen wir uns von Menschen trennen, die uns emotional belasten oder uns daran hindern, unser volles Potenzial zu entfalten. Indem wir uns von solchen toxischen Beziehungen oder Umständen lösen, schaffen wir Raum für neue positive Einflüsse und Möglichkeiten.

Ein weiterer sehr wichtiger Schritt beim Loslassen ist die bewusste Entscheidung, dir selbst zu vergeben.

Oftmals übernehmen wir für vergangene Fehler Verantwortung und bestrafen uns selbst dafür. Doch indem wir uns selbst vergeben, erlauben wir uns, weiterzugehen und uns zu entwickeln.

Selbstvergebung ist ein Akt der Selbstliebe und ermöglicht dir, ein erfülltes und befreites Leben zu führen.

Das Loslassen der Vergangenheit ist ein Prozess, der dich fordert, deine Aufmerksamkeit und Energie auf das Hier und Jetzt zu richten. Es ermöglicht dir, aus der Vergangenheit zu lernen, aber nicht in ihr gefangen zu bleiben.

Die Kunst des Loslassens erfordert Mut, Geduld und Selbstreflexion. Es ist eine Reise zu dir selbst, auf der du dich von altem Ballast befreist, um dein wahres Potenzial zu entfalten.

Es ist ein Akt der Befreiung, der dir ermöglicht, dein Leben bewusst zu gestalten und in Liebe, Freiheit und Harmonie zu leben.

Stell dir vor, was du alles tun kannst.

Stell dir vor, was du alles erreichen kannst.

Stell dir vor, was du alles sein kannst.

Das Loslassen ist der Schlüssel, um deine Flügel auszubreiten und dein wahres Selbst zum Strahlen zu bringen.

09 - KONTROLLE

"Das Bedürfnis nach Kontrolle" hält dich davon ab, frei zu sein und das Leben in vollen Zügen zu genießen.

Oft versuchen wir, jeden Aspekt unseres Lebens zu kontrollieren, sei es unsere Beziehungen, unsere Karriere oder sogar unsere Emotionen. Doch das Festhalten an Kontrolle kann zu Frustration, Stress und Unzufriedenheit führen.

Das Bedürfnis nach Kontrolle ist ein natürlicher Teil des menschlichen Wesens. Es gibt uns ein Gefühl von Sicherheit und Stabilität. Wir wollen vorhersehbare Ergebnisse und vermeiden das Unbekannte. Aber indem du dich krampfhaft an die Kontrolle klammerst, versuchst du das Leben in eine starre Form zu pressen, die oft nicht der Realität entspricht.

Der erste Schritt, um das Festhalten an Kontrolle loszulassen, besteht darin, zu erkennen, **dass Kontrolle eine Illusion ist.**

Das Leben ist voller Unvorhersehbarkeiten und Veränderungen. Es ist unmöglich, alles zu kontrollieren oder vorherzusagen, was geschehen wird. Indem du diese Tatsache akzeptierst, befreist du dich von dem Druck, alles im Griff haben zu müssen.

Ein weiterer wichtiger Aspekt ist **das Vertrauen in dich selbst,** in andere Menschen und in den Fluss des Lebens.

Vertrauen ermöglicht es dir, dich dem Unbekannten hinzugeben und dich von der Kontrolle zu lösen. Es bedeutet, dass du dir erlaubst, dich treiben zu lassen und dich auf das zu verlassen, was kommen mag.

Vertrauen eröffnet dir neue Türen und Möglichkeiten. Dies ermöglicht dir, die Schönheit des Lebens in vollen Zügen zu erleben.

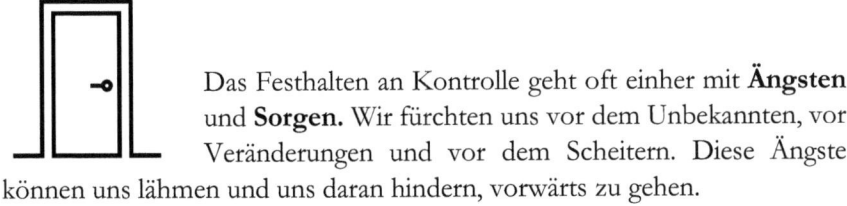 Das Festhalten an Kontrolle geht oft einher mit **Ängsten** und **Sorgen**. Wir fürchten uns vor dem Unbekannten, vor Veränderungen und vor dem Scheitern. Diese Ängste können uns lähmen und uns daran hindern, vorwärts zu gehen.

Es ist wichtig, sich dieser Ängste bewusst zu werden und sie anzunehmen.

Indem du Ängste erkennen und akzeptieren kannst, erlaubst du dir dich davon zu befreien und mutig neue Wege einzuschlagen.

10 – AKZEPTANZ UND VERTRAUEN

Zusammenfassung: Du hast gelernt, dass das Festhalten an Kontrolle dich einschränkt und daran hindert, das Leben in vollen Zügen zu genießen.

Kontrolle ist eine Illusion, und das Leben ist voller Unvorhersehbarkeiten.

Indem du akzeptierst, dass du nicht alles kontrollieren kannst, befreist du dich von Druck und Stress.

Vertrauen in dich selbst und den Fluss des Lebens ermöglicht es dir, dich dem Unbekannten hinzugeben.

Ängste und Sorgen hindern dich daran, vorwärts zu gehen, also akzeptiere sie und lass sie los.

Lebe im gegenwärtigen Moment und schätze die Schönheit des Lebens.

Lasse los, was außerhalb deiner Kontrolle liegt, und konzentriere dich auf das, was du beeinflussen kannst.

Sei mutig und übernehme Verantwortung für dein eigenes Leben.

11 – DAS EGO ÜBERWINDEN

Warum solltest du das Ego überwinden?

Das Ego ist oft die Quelle von Leiden, Konflikten und Unzufriedenheit. Es hält dich in begrenzten Denkmustern und Identifikationen gefangen, die dein Wachstum und deine Entfaltung behindern. Indem du das Ego überwindest, befreist du dich von diesen Einschränkungen und öffnest dich für ein erfülltes, bewusstes und verbundenes Leben.

Du erkennst deine wahre Natur jenseits des Egos und kannst dein volles Potenzial entfalten. Das Überwinden des Egos ermöglicht es dir, Mitgefühl, Liebe und inneren Frieden zu erfahren und eine tiefere Verbindung zum Leben selbst herzustellen.

Um das Ego zu überwinden, gibt es ein paar wichtige Dinge, die du beachten kannst:

01-Bewusstsein entwickeln:

Werde dir bewusst, dass das Ego ein konstruiertes Bild von dir selbst ist. Es ist eine Ansammlung von Gedanken, Überzeugungen und Identifikationen, die dich von deinem wahren Wesen trennen. Indem du dir dieses Konzept des Egos bewusstwirst, kannst du anfangen, dich davon zu distanzieren.

02-Selbstbeobachtung:

Beobachte deine Gedanken, Emotionen und Verhaltensweisen. Achte darauf, wann das Ego am stärksten präsent ist und wie es sich in deinem Leben auswirkt. Indem du dich selbst beobachtest, kannst du erkennen, wie das Ego dich beeinflusst und dich davon abhält, im gegenwärtigen Moment zu sein.

03-Akzeptanz und Loslassen:

Akzeptiere, dass das Ego ein Teil von dir ist, aber es definiert nicht deine wahre Identität. Lasse die Vorstellung los, dass du durch das Ego begrenzt bist und identifiziere dich nicht ausschließlich mit deinen Gedanken und Überzeugungen. Indem du loslässt, öffnest du dich für ein größeres Bewusstsein und mehr Freiheit.

04-Achtsamkeit kultivieren:

Praktiziere Achtsamkeit, um dich von den ständigen Gedanken und Geschichten des Egos zu lösen. Sei im gegenwärtigen Moment präsent und beobachte die Erfahrungen ohne Wertung. Indem du deine Aufmerksamkeit auf den gegenwärtigen Moment lenkst, kannst du das Ego langsam in den Hintergrund treten lassen.

05-Erkenne die Verbundenheit:

Du musst erkennen und verstehen, dass wir alle miteinander verbunden sind. Nur das Ego trennt uns voneinander und erzeugt Trennung und Konflikte. Indem du die Einheit allen Lebens erkennst und Mitgefühl für andere entwickelst, kannst du das Ego überwinden und Harmonie und Frieden in dein Leben bringen.

12 – BEFREIE DICH VON ERWARTUNGEN

Warum solltest du Erwartungen loslassen und dich befreien?

Das Festhalten an Erwartungen kann dich in einem Zustand der Unzufriedenheit gefangen halten. Es kann zu **Enttäuschung, Frustration und Konflikten** führen, sowohl mit dir selbst als auch mit anderen Menschen.

Indem du Erwartungen loslässt, befreist du dich von deinem unnötigen Leid und öffnest dich für neue Erfahrungen und Möglichkeiten. Du wirst flexibler und anpassungsfähiger, und das Leben wird leichter und freier.

Das Loslassen von Erwartungen ermöglicht es dir auch, authentischer zu sein und dich selbst und andere Menschen besser zu akzeptieren.

Du kannst Beziehungen auf einer tieferen Ebene aufbauen, indem du Menschen so annimmst, wie sie sind, anstatt sie in ein bestimmtes Bild zu zwängen.

Indem du dich von Erwartungen befreist, kannst du dich selbst entfalten und dein volles Potenzial entdecken.

Du kannst dich auf das konzentrieren, was wirklich wichtig ist, und deine Energie auf das lenken, was dir Freude und Erfüllung bringt.

Am besten machst du dir zu jedem einzelnen Punkt Notizen und hälst deine Gedanken fest.

Das Loslassen von Erwartungen eröffnet dir eine Welt der Möglichkeiten und ermöglicht es dir, das Leben in seiner ganzen Fülle zu erleben.

13 – DIE BEFREIUNG VON NEGATIVITÄT

Um die Vergangenheit wirklich bis in alle Zellen loszulassen und zu erlösen, ist es wichtig dich von Groll und Negativität zu befreien.

Groll und Negativität soll nicht mehr zu deiner Einstellung und Schwingung gehören.

Um dich von Negativität zu befreien, gibt es einige Schritte, die du befolgen kannst:

01-Achtsamkeit:

Werde dir bewusst, wann negative Gedanken, Emotionen oder Einstellungen auftreten. Achte auf deine innere Stimme und erkenne, wann du dich in einem negativen Denkmuster befindest. Die Achtsamkeit ermöglicht es dir, diese Negativität zu erkennen und bewusst damit umzugehen.

02-Selbstreflexion:

Frage dich, welche negativen Glaubenssätze oder Überzeugungen du über dich selbst, andere Menschen oder das Leben im Allgemeinen hast. Erkenne, dass diese Überzeugungen oft aus vergangenen Erfahrungen oder Ängsten resultieren. Sei bereit, diese negativen Überzeugungen zu hinterfragen und neue positive Sichtweisen zu entwickeln.

03-Positive Gedanken kultivieren:

Trainiere deinen Geist, um positive Gedanken und eine optimistische Einstellung zu fördern. Das kann durch Affirmationen, das Lesen inspirierender Bücher oder den bewussten Fokus auf positive Aspekte des Lebens geschehen. Indem du deine Gedanken bewusst lenkst, kannst du die negativen Gedankenmuster durchbrechen.

04-Achte auf deine Umgebung, sie kann dich beeinflussen:

Achte darauf, in welcher Umgebung du dich aufhältst und mit welchen Menschen du dich umgibst. Negative Menschen oder Orte können deine eigene Negativität verstärken. Suche bewusst nach positiven Einflüssen und verbringe Zeit mit Menschen, die dich unterstützen und inspirieren.

05-Selbstfürsorge praktizieren:

Nimm dir Zeit für dich selbst und pflege deine körperliche, emotionale und geistige Gesundheit. Sorge für ausreichend Ruhe, Bewegung, gesunde Ernährung und emotionale Ausgeglichenheit. Indem du dich selbst liebevoll umsorgst, stärkst du deine Resilienz gegenüber negativen Einflüssen.

Die Befreiung von Negativität bringt zahlreiche Vorteile mit sich:

01-Innerer Frieden:

Du befreist dich von den belastenden Lasten negativer Gedanken und Emotionen. Das ermöglicht es dir, inneren Frieden zu finden und ein harmonisches Gefühl von Wohlbefinden zu erleben.

02-Freiheit und Leichtigkeit:

Wenn du dich von Negativität befreist, fühlst du dich leichter und freier. Du kannst das Leben mit mehr Leichtigkeit und Freude genießen, da du nicht mehr von negativen Gedanken und Einstellungen belastet wirst.

03-Positivität und Erfolg:

Indem du positive Gedanken und Einstellungen kultivierst, ziehst du positive Erfahrungen und Möglichkeiten in dein Leben. Eine positive innere Haltung kann zu größerem Erfolg in verschiedenen Lebensbereichen führen, sei es in Beziehungen, Karriere oder persönlicher Entwicklung.

04-Gesundheit und Wohlbefinden:

Negativität kann sich auf körperlicher und emotionaler Ebene negativ auf deine Gesundheit auswirken. Indem du dich von negativen Gedanken befreist, förderst du deine Gesundheit und stärkst dein allgemeines Wohlbefinden.

05-Harmonische Beziehungen:

Die Befreiung von Negativität ermöglicht es dir, in harmonischen Beziehungen zu leben. Du kannst eine positive Ausstrahlung haben, die andere anzieht, und du wirst in der Lage sein, liebevolle und unterstützende Beziehungen aufzubauen.

06-Selbstverwirklichung:

Indem du dich von Negativität befreist, öffnest du dich für persönliches Wachstum und Selbstverwirklichung. Du kannst dein volles Potenzial entfalten und deine Ziele und Träume verwirklichen, da du nicht mehr von negativen Gedanken und Zweifeln blockiert wirst.

07-Resilienz und Stressreduktion:

Die Befreiung von Negativität stärkt deine Resilienz gegenüber stressigen Situationen und Herausforderungen. Du entwickelst die Fähigkeit, mit Schwierigkeiten umzugehen und dich schnell von Rückschlägen zu erholen.

08-Erfülltes Leben:

Wenn du dich von Negativität befreist, kannst du ein erfülltes Leben führen. Du lebst im Einklang mit deinen Werten, fühlst dich dankbar für die kleinen Freuden des Lebens und bist offen für neue Erfahrungen und Möglichkeiten.

09-Spirituelles Wachstum:

Die Befreiung von Negativität kann auch zu einem tieferen spirituellen Wachstum führen. Du entwickelst ein tieferes Verständnis von dir selbst und der Welt um dich herum. Du erkennst die Verbundenheit aller Dinge und lebst in Einklang mit einer höheren Bedeutung und Sinnhaftigkeit.

Die Befreiung von Negativität ist ein kontinuierlicher Prozess, der Geduld, Selbstreflexion und Achtsamkeit erfordert.

Indem du bewusst daran arbeitest, negative Gedankenmuster zu durchbrechen und positivere Einstellungen zu kultivieren, kannst du ein erfülltes und freudvolles Leben führen. Befreie dich von Negativität und öffne dich für die Fülle und Schönheit des Lebens!

14 – SCHWINGUNG UND EINSTELLUNG

Schwingung und Einstellung sind zwei wichtige Konzepte, die eng miteinander verbunden sind und eine große Auswirkung auf unser Leben haben können.

Schwingung bezieht sich auf die energetische Frequenz, auf der wir uns befinden. Alles in unserem Universum, einschließlich uns selbst, besteht aus Energie, die in ständiger Bewegung ist.

Jede Person, jeder Gedanke, jede Emotion und jede Handlung haben eine bestimmte Schwingung oder Frequenz. Wenn wir uns in einer positiven Schwingung befinden, fühlen wir uns gut, sind offen für neue Möglichkeiten und erleben harmonische Beziehungen.

In einer negativen Schwingung hingegen fühlen wir uns niedergeschlagen, ängstlich und erleben oft Schwierigkeiten und Konflikte.

Unsere Einstellung ist eng mit unserer Schwingung verbunden. Sie repräsentiert unsere Gedanken, Überzeugungen und Haltungen gegenüber uns selbst, anderen Menschen und dem Leben im Allgemeinen.

Unsere Einstellung kann entweder positiv oder negativ sein und beeinflusst direkt unsere Schwingung.

Eine positive Einstellung zeichnet sich durch Optimismus, Dankbarkeit und Vertrauen aus, während eine negative Einstellung von Pessimismus, Angst und Misstrauen geprägt ist.

Die gute Nachricht ist, dass wir die Fähigkeit haben, unsere Schwingung und Einstellung bewusst zu beeinflussen und zu verändern.

Hier sind einige Möglichkeiten, wie du deine Schwingung und Einstellung verbessern kannst:

01-Bewusstsein schaffen:

Werde dir deiner gegenwärtigen Schwingung und Einstellung bewusst. Nimm dir Zeit, um zu beobachten, wie du dich fühlst und welche Gedanken du hast. Sei ehrlich zu dir selbst und erkenne, wenn du dich in einer negativen Schwingung oder mit einer negativen Einstellung befindest.

02-Positive Gedanken pflegen:

Übe dich darin, positive Gedanken zu kultivieren. Achte auf deine innere Sprache und versuche, negative Selbstgespräche in positive und unterstützende Aussagen umzuwandeln. Affirmationen können dabei helfen, positive Gedanken zu verstärken.

03-Dankbarkeit praktizieren:

Fokussiere dich auf das, wofür du dankbar bist. Eine tägliche Dankbarkeitspraxis kann dir helfen, deine Einstellung zu verändern und eine positive Schwingung zu kultivieren. Nimm dir jeden Tag einige Momente, um über die Dinge nachzudenken, für die du dankbar bist.

04-Umgebung wählen:

Achte darauf, dich in einer unterstützenden und positiven Umgebung aufzuhalten. Verbringe Zeit mit Menschen, die dich inspirieren und motivieren. Umgebe dich mit Dingen, die dich glücklich machen und positive Energie ausstrahlen.

05-Selbstfürsorge:

Kümmere dich um dein körperliches, emotionales und geistiges Wohlbefinden. Sorge für ausreichend Schlaf, gesunde Ernährung, regelmäßige Bewegung und Entspannungstechniken wie Meditation oder Achtsamkeitsübungen. Indem du dich um dich selbst kümmerst, stärkst du deine Schwingung und Einstellung.

Die Dinge, die du tun kannst, wiederholen sich in der Aufzählung aus dem Grunde, weil sie wichtig sind. Um zu vergeben und loszulassen ist Achtsamkeit, Dankbarkeit, Meditation, Schwingung, die richtige Umgebung u.s.w. sehr wichtig.

Lass los und werde frei.

Mache dir die Welt, wie sie dir gefällt.

Das ist mein Wunsch für dich!

In deinem Leben hast du die Macht, deine Realität zu gestalten.

Du hast die Fähigkeit, deine Gedanken und Überzeugungen zu wählen, die deine Einstellung und deine Schwingung bestimmen.

Wenn du erkennst, dass du die Kontrolle über dein eigenes Glück hast, wirst du zur Schöpferkraft deines Lebens.

Lass die Vergangenheit los und befreie dich von altem Groll und Enttäuschungen. Sie binden dich an negative Energien und verhindern, dass du im Hier und Jetzt lebst.

Erlaube dir, zu vergeben und dich selbst zu heilen.

Indem du den Ballast der Vergangenheit abwirfst, schaffst du Raum für neue Erfahrungen und positive Möglichkeiten.

Sei mutig genug, deine Komfortzone zu verlassen und neue Wege zu erkunden.

Habe den Glauben an dich selbst und vertraue darauf, dass das Universum dir das Beste bringt.

Wenn du dich für neue Chancen öffnest, wirst du erstaunt sein, wie sich die Dinge zum Besseren wenden.

Entscheide dich bewusst für eine positive Einstellung.

Wähle die Gedanken, die dich stärken, ermutigen und inspirieren.

Fokussiere dich auf das Gute in deinem Leben und sei dankbar für die kleinen Freuden. Indem du dich auf das Positive ausrichtest, ziehst du mehr davon in dein Leben.

Lasse die Erwartungen anderer los und höre auf, dich mit anderen zu vergleichen.

Du bist einzigartig und hast deine eigene Reise.

Gib dir selbst die Erlaubnis, deine Träume zu verfolgen und deinen eigenen Weg zu gehen.

Lasse nicht zu, dass die Meinungen anderer dich beeinflussen oder einschränken.

Sei dein eigener Meister und erschaffe eine Welt, die deinen Wünschen und Werten entspricht.

Visualisiere dein ideales Leben und setze klare Ziele.

Arbeite hart, sei diszipliniert und bleibe dabei dennoch geduldig.

Vertraue darauf, dass das Universum deine Absichten hört und dass alles zum richtigen Zeitpunkt geschieht.

Lass los von Zweifeln und Ängsten.

Glaube an dich selbst und an deine Fähigkeiten.

Stehe auf, wenn du fällst, und lerne aus jedem Rückschlag.

Vertraue darauf, dass du stark genug bist, um jede Herausforderung zu bewältigen.

Du hast das Recht, glücklich und erfüllt zu sein.

Du verdienst es, dein Leben nach deinen eigenen Vorstellungen zu gestalten.

Lass los von negativen Energien und öffne dich für die Schönheit und das Wunder, das dich umgibt.

Mache dir die Welt, wie sie dir gefällt.

Befreie dich von allen Begrenzungen und lebe nach deinen eigenen Regeln.

Sei der Schöpfer deines eigenen Glücks und folge deinen Träumen. Lass los und werde frei.

Das ist mein Wunsch für dich!

1. Finde einen ruhigen und ungestörten Ort, an dem du dich entspannen kannst. Schließe deine Augen und atme tief ein und aus, um dich zu zentrieren.

2. Denke an eine Person, gegenüber der du Groll hegst oder die dich verletzt hat. Stelle sie dir in deiner Vorstellung vor.

3. Spüre die Emotionen, die mit dieser Person und der Situation verbunden sind. Nimm wahr, wie sich Wut, Ärger oder Traurigkeit in deinem Körper anfühlen.

4. Nimm nun einen Moment, um zu erkennen, dass das Festhalten an diesen negativen Emotionen nur dir schadet. Es bindet deine Energie und verhindert, dass du in Frieden und Freude lebst.

5. Sende in Gedanken oder laut an die Person die Worte: "Ich vergebe dir für das, was du getan hast. Ich lasse den Groll und die Verletzung los." Wiederhole diese Sätze ein paar Mal, um sie wirklich zu fühlen und zu verinnerlichen.

6. Visualisiere nun, wie sich eine Last von deinen Schultern löst. Stelle dir vor, wie du dich leichter und befreit fühlst, während du den Groll und die Verletzung loslässt.

7. Atme ein und aus und zentriere dich. Sage in Gedanken oder laut zu dir: «Ich vergebe mir, für alle Verletzungen, die ich zugelassen habe und lasse Wut und Groll endgültig los!» Sage diesen Satz so lange zu dir, bis du das Gefühl hast, er sei in deinem Körper angekommen.

8. Visualisiere nun, wie sich eine Last von deinen Schultern löst. Stelle dir vor, wie du dich leichter und befreit fühlst, während du den Groll und die Verletzung loslässt.

9. Schließe die Übung ab, indem du tief ein- und ausatmest und dich auf ein Gefühl der inneren Ruhe und des Friedens konzentrierst.

10. Fühle dich dankbar für den Akt des Vergebens und die Freiheit, die du dadurch gewinnst.

Diese Übung des Vergebens kann Zeit und Übung erfordern, also sei geduldig mit dir selbst. Je öfter du sie praktizierst, desto leichter wird es dir fallen, alte Groll-Gefühle loszulassen und Frieden in deinem Herzen zu finden.

Denke daran, dass das Vergeben letztendlich für dich selbst geschieht und dir die Freiheit gibt, dein Leben in Liebe und Mitgefühl zu leben.

1. Finde einen ruhigen und bequemen Ort, an dem du dich wohl fühlst. Nimm eine bequeme Sitzposition ein und schließe sanft deine Augen.

2. Bringe deine Aufmerksamkeit auf deinen Atem. Atme tief ein und aus, um deinen Geist zu beruhigen und dich im gegenwärtigen Moment zu zentrieren.

3. Denke an die Person, der du vergeben möchtest. Stelle sie dir in deiner Vorstellung vor und spüre, wie sich deine Emotionen in Bezug auf sie zeigen.

4. Nimm wahr, welche negativen Gefühle oder Gedanken in dir aufsteigen, wenn du an diese Person denkst. Sei achtsam und erlaube dir, diese Gefühle anzuerkennen, ohne dich von ihnen überwältigen zu lassen.

5. Jetzt stelle dir vor, dass du vor dieser Person stehst. Visualisiere, wie du eine weiße, reine und strahlende Energie in deinem Herzen trägst.

6. Atme tief ein und spüre, wie diese Energie sich mit jedem Atemzug in dir ausbreitet. Lass sie sich nach und nach in deinem ganzen Körper und um dich herum ausdehnen.

7. Während du diese Energie spürst, sprich in Gedanken oder laut zu der Person: "Ich vergebe dir von Herzen. Ich lasse alle negativen Gefühle und Verletzungen los. Ich befreie mich selbst und dich von dieser Last."

8. Stelle dir vor, wie diese strahlende Energie von deinem Herzen ausgeht und die Person umhüllt. Sie umgibt sie mit Liebe, Licht und Frieden. Spüre, wie sich diese positive Energie zwischen euch beiden ausbreitet.

9. Lass diese Vorstellung eine Weile in dir wirken und erlaube dir, die Vergebung und den Frieden zu spüren, der sich in dir ausbreitet.

10. Atme abschließend tief ein und aus. Öffne langsam deine Augen und nimm dir einen Moment, um die Erfahrung zu reflektieren. Sei stolz auf dich für diesen Akt der Vergebung und des Loslassens.

Diese Übung kann dir helfen, Vergebung auf einer tieferen Ebene zu erfahren und dich von negativen Emotionen zu befreien. Gib dir selbst die Zeit und den Raum, um den Prozess zu durchlaufen und sei geduldig mit dir selbst.

Vergebung ist ein Geschenk, das du dir selbst gibst, um Frieden und Freiheit in deinem Herzen zu finden.

Wähle die Übung aus, die dir am meisten entspricht.

Es spielt keine Rolle, ob du dich für Übung 1 oder 2 entscheidest.

18 – WIE KANNST DU WISSEN, DASS DU VERGEBEN HAST?

Du kannst wissen, dass du wirklich vergeben hast, wenn du bestimmte Anzeichen in dir spürst.

Erstens, wenn du an die betreffende Person oder Situation denkst und keine starken negativen Emotionen mehr empfindest. Statt Wut oder Groll spürst du möglicherweise Neutralität oder sogar Mitgefühl. Es ist, als ob du den emotionalen Ballast losgelassen hast und Platz für positive Gefühle gemacht hast.

Zweitens, wenn du die Vergangenheit nicht mehr ständig Revue passieren lässt.

Du kannst über die Erfahrung sprechen oder daran denken, aber es beeinflusst dich nicht mehr auf eine belastende Weise. Es wird nicht mehr dein tägliches Denken und Handeln dominieren.

Drittens, wenn du in der Gegenwart und in deinen Beziehungen mehr Frieden und Freude empfindest. Du spürst eine innere Leichtigkeit und einen größeren Raum für positive Erfahrungen und Wachstum. Dein Herz ist offen für neue Möglichkeiten, da du nicht mehr von altem Groll blockiert wirst.

Vergeben bedeutet nicht, dass du das Verhalten der anderen Person billigst oder vergisst, was passiert ist. Es bedeutet vielmehr, dass du dich von den negativen Emotionen und der Macht der Vergangenheit befreist.

Du lässt los und gibst dir selbst die Chance auf Heilung und ein erfülltes Leben.

Vergebung ist ein individueller Prozess, und jeder erlebt ihn auf seine eigene Weise. Wenn du diese Anzeichen in dir spürst, kannst du sicher sein, dass du auf dem Weg zur wahren Vergebung bist.

Es ist ein Geschenk, das du dir selbst machst, um inneren Frieden und Freiheit zu finden.

19 – FREIHEIT

Du hast es geschafft!

Du hast losgelassen, dich von negativen Energien befreit und deine Schwingung angehoben. Du hast erkannt, dass du die Macht hast, deine Realität zu gestalten und dein Leben nach deinen eigenen Vorstellungen zu leben.

In dieser Reise des Loslassens und der Befreiung hast du die Freiheit des Seins entdeckt. Du bist nicht länger gefangen in den Fesseln der Vergangenheit, der Erwartungen anderer oder der negativen Gedanken.

Du bist frei, deine eigene Realität zu erschaffen und dich mit der Fülle des Lebens zu verbinden.

Die Freiheit des Seins bedeutet, dass du authentisch du selbst sein kannst. Du musst dich nicht länger anpassen oder verstecken. Du kannst deine Träume verfolgen, deine Leidenschaften ausleben und deine Talente entfalten.

Du bist frei, deine Stimme zu erheben und für das einzustehen, woran du glaubst.

Diese Freiheit bringt auch Verantwortung mit sich.

Du bist verantwortlich für deine Gedanken, deine Handlungen und deine Auswirkungen auf die Welt um dich herum.

Indem du bewusst handelst und aus einer positiven Einstellung heraus agierst, kannst du einen positiven Einfluss auf dein eigenes Leben und das Leben anderer haben.

Die Freiheit des Seins bedeutet nicht, dass du keine Herausforderungen mehr hast.

Das Leben wird weiterhin Höhen und Tiefen mit sich bringen.

Aber du bist frei, dich den Herausforderungen mit Mut und Zuversicht zu stellen.

Du bist frei, aus Rückschlägen zu lernen und gestärkt daraus hervorzugehen.

Nimm dir immer wieder Zeit, um dich mit deinem inneren Kern zu verbinden und zu spüren, welche Schritte du als Nächstes gehen möchtest.

Höre auf deine Intuition und folge den Signalen des Universums.

Vertraue darauf, dass der Weg, den du gehst, der richtige für dich ist.

Die Freiheit des Seins ist ein Geschenk, das du dir selbst gemacht hast. Halte daran fest und lasse nicht zu, dass äußere Umstände oder negative Einflüsse dich wieder einschränken.

Du bist frei, deine Träume zu leben und ein erfülltes Leben zu führen.

Ich wünsche dir weiterhin die Freiheit des Seins.

Mögest du deine Schwingung hochhalten, deine Einstellung positiv gestalten und das Leben in vollen Zügen genießen.

Du bist frei, du selbst zu sein und dein Leben nach deinen eigenen Regeln zu gestalten.

Lasse los und werde eins mit der wunderbaren Freiheit des Seins.

Du bist frei!

Ich wünsche dir:

- Innere Heilung
- Empathie und Mitgefühl
- Authentizität und Ehrlichkeit
- Wachstum und Entwicklung
- Positiver Einfluss auf dein Umfeld und deine Beziehungen

Alles Liebe soll dich begleiten.

21 – ÜBER DIE AUTORIN

Elena Uebelhardt

ist als Lebens- und Business-Coach, Mentaltrainerin, Visionärin, und spirituelle Wegbegleiterin bekannt.

Das Coaching-Kernstück von Elena Uebelhardt offenbart sich in ihrer Fähigkeit, die "innere Landkarte" ihrer Klienten sofort zu erkennen. Mit dieser besonderen Gabe ist sie in der Lage, Menschen in ihren emotionalen Prozessen und Verbindungen zu begleiten, die zu stressbedingten Problemen in ihrem Leben, Beruf und Partnerschaft führen.

Seit über 30 Jahren erarbeitet Sie mit ambitionierten Menschen unkonventionelle Lösungen, welche nachhaltig wirken.

Auf der Suche nach Glück, Gesundheit und Erfolg, ist Elena eine inspirierende Adresse. Sie hat eigene alltagstaugliche und nachhaltige Methode entwickelt, mit denen mentale Grenzen sprengt werden können.

Hier findest du weitere Informationen:

https://vitacoachingplus.com/

https://bewusster-leben-impulse.info/

23 – DEIN PROZESS DER VERGEBUNG - NOTIZEN

Beteiligte Personen

24 – NOTIZEN

Deine Freiheitsformel

Hier hast du die Möglichkeit deine Emotionen zu deinen Themen aufzuschreiben und zu reflektieren. Wie war es vor dieser Transformation und wie ist es jetzt?

 Vergebung ist der mächtigste Schlüssel zur inneren Freiheit.

Sie ist die einzige Option, die du hast.

Sie ist die ultimative Freiheitsformel.

Vergebung ist die einzige Option, die du hast, darum nutze sie weise.